图解游戏

让家长秒懂游戏

总主编 鄢超云

余 琳 文贤代 吴庆国 ◎ 主编

复旦大学出版社

· 编委会 ·

总 主 编 鄢超云

主 编 余 琳　文贤代　吴庆国

副 主 编 李 寅　王 燕

编 委 邓定鹏　林 佳　陈 倩　杨 吟
　　　　　杨清评　陈婉玉　易 力　李昕宇
　　　　　杨 楠　李 岚　刘 钰　全盈盈
　　　　　李 莉　陈希亚

绘 图 陈晓玥　王晓莉　邓 婷

给家长的话

刚出生的小马驹，抖动几下身体，很快就可以走路；刚出生的小雏鸡，从壳里伸出小脑袋，很快就能用嘴啄食。婴儿初生，却是脚不能站、手不能握的不完全体，不过是个长大了的胚胎。而此后，马依然是走路，鸡依然是啄食，儿童却在父母的抚育下变得几乎是无所不能了，这就是人之神奇。但每一个"神奇"的成长都离不开"神奇"的教育，父母就是孩子的第一位也是终身的"神奇"老师。如何成为孩子神奇的老师，著名教育家陈鹤琴先生说过："小孩子生来是好动的，是以游戏为生命的。"儿童就像小鸟，没有游戏的翅膀，无法自由飞翔在想象的天空。儿童的生活和成长离不开游戏，唯有游戏能够让孩子绽放灿烂的笑容，给童年渲染缤纷的色彩。让孩子游戏，陪孩子游戏，在游戏中教会孩子做人、做事、成长为最好的自己，应该成为学前儿童家长最核心的教育本领。

亲爱的家长们，我们倾力编撰的这本《图解游戏：让家长秒懂游戏》，就是聚焦儿童游戏中的一些普适性和容易被忽略的问题，唤醒大家对儿童游戏的关注，提升大家对儿童游戏的理解，引领大家审视自己在儿童游戏中的角色定位。因为我们必须成长，才能助力孩子的成长，当我们走进幼儿最热爱的游戏，我们就打开了走进幼儿世界的大门，就可以看见他们异想天开背后充满想象力的学习，调皮捣蛋背后充满热情的学习，奇思妙想背后永不停止的学习……一个个神奇的、有力量的学习者就会跃然我们面前。我们也希望本书能够激发出大家更丰富的思想火花，让我们在忙碌的育儿实践中可以有所反省、有所思考，真正地以适合幼儿的方式去促进他们的发展。

本书一共分为四个部分。第一部分"这是游戏吗"，从游戏的内涵和本质出发，通过成人视角和儿童视角的对比，生动展现出幼儿生活中处处充满游戏的图景，透过现象近观幼儿丰富多元的内心世界，进一步厘清游戏是什么，找到"这是游戏吗"这个问题的答案；第二部分"这是什么游戏"，以游戏情境再现的方式，展现游戏的不同样态。游戏的分类维度有许多种，在对游戏类型的多角度探索中，也让我们对游戏有了更加深刻的认识和把握；第三部分"游戏的价值，你看见了吗"，引导我们在了解游戏对于幼儿身体、认知、情感、社会性发展的重要价值的同时，深入挖掘游戏之于儿童发展潜在的价值所在，从而发现并支持幼儿在游戏中的学习；第四部分"关于游戏，你做对了吗"，从倾听孩子们的渴望和心声开始，到"游戏中应该怎么做"的行动引导，让我们在反思与回顾中不断更新游戏理念和认知。

一个孩子就像一颗种子，我们希望他能够茁壮成长，但关键不在于这颗种子是什么，而在于我们培育它的方法。我们希望读者读完这本书后，大家可以通过游戏看见一颗颗种子令人惊奇的生长力量。让童年的千万种美好，在游戏中产生；让童年的千万般记忆，在游戏中留下。

目 录

第一部分　这是游戏吗？　1

　　一、调皮捣蛋 vs 游戏　3

　　二、异想天开 vs 游戏　8

　　三、奇思妙想 vs 游戏　13

第二部分　这是什么游戏？　19

　　一、以儿童认知发展为依据的游戏分类　21

　　1. 这是练习性游戏　21

　　2. 这是象征性游戏　22

　　3. 这是结构性游戏　23

　　4. 这是规则游戏　24

　　二、以儿童社会性发展为依据的游戏分类　26

　　1. 这是平行游戏　26

　　2. 这是协同游戏　27

　　3. 这是合作游戏　28

第三部分　游戏的价值，你看见了吗？　31

　　一、看见：游戏的发展价值　33

　　1. 游戏对幼儿身体发展的价值　34

　　2. 游戏对幼儿认知发展的价值　35

　　3. 游戏对幼儿社会性发展的价值　36

　　4. 游戏对幼儿情感发展的价值　37

　　二、捕捉：游戏的隐藏价值　39

　　1. 游戏中不止有合作，坚持也是好品质　39

　　2. 游戏遭遇"困境"，却历练着幼儿的抗逆力　41

　　3. 原来，脏兮兮的"踩水坑"里藏着探索的秘密　42

　　4. 游戏时刻"一切皆可能"，我成了我想成为的样子　44

　　5. 有时候，我们需要游戏来疗愈　45

6. 良好的亲子关系，游戏来促进　46

三、挖掘：在游戏中学习　47

1. 游戏中的学习，你看见了吗？　47

2. 儿童游戏中一定有学习发生吗？　48

3. 争论中，也存在学习吗？　50

4. 解决游戏难题，让幼儿在玩中学习　52

第四部分　关于游戏，你做对了吗？　55

一、倾听：孩子的游戏心声　57

1. 游戏时，孩子希望你是——"旁观者"　57

2. 游戏时，孩子希望你是——"陪伴者"　60

3. 游戏时，孩子希望你是——"支持者"　73

二、行动：游戏中你应该做到　76

1. 做到"全心全意"，而非"三心二意"　76

2. 做到"换位思考"，而非"主观臆断"　77

3. 做到"适时而进"，而非"乘虚而入"　78

4. 做到"裘葛之遗"，而非"蠡酌管窥"　79

5. 做到"无为而治"，而非"越俎代庖"　80

三、回顾：游戏中的你　81

你一定为孩子的调皮捣蛋

生过气

你一定因孩子的无厘头行为

摇过头

你一定在孩子过剩的精力中

筋疲力尽

而这些

都因为他们是孩子

他们在游戏

在睡床上蹦跳

披着纱巾扮公主

在墙壁上肆意涂鸦

用一块积木当饼干

我们或许觉得孩子很无聊

在孩子们的世界里

却是最美的欢喜

因为

他们在游戏

让我们切换为儿童的视角

走进他们的游戏世界

这是游戏吗？

对幼儿而言，游戏是自然状态下，伴随着愉悦的情绪体验，自由自主地反映他们对现实生活的理解，表达他们对周围环境感知的一种活动（庞丽娟，《中国教育改革 30 年》（学前教育卷），北京师范大学出版社，2009年版）。在与幼儿相处的每一天，时刻都有游戏在发生。心理学家维吉尼亚·阿克斯莱（Virginia Axline）在论及儿童游戏时曾说道："他们自己可以造一座大山，然后安全地爬到山顶，向世界大声地宣布说：我可以自己造一座大山，我也可以再把它夷为平地，在这里，我最大！"在专属于幼儿的游戏天地里，他们尽情挥洒想象、表达创造；那些看似调皮捣蛋或者异想天开的行为，实际上正反映着幼儿对于周围世界的理解。游戏给予了他们展现的舞台，小小的世界里蕴含着大大的力量。

一、调皮捣蛋 VS 游戏

不要再跳了,床会被你蹦坏的。

哇,我已经飞起来了,这个蹦床实在太好玩。

- 家长眼里的一张普通的床,却是孩子们心中无限神往的蹦蹦床。

图解游戏 让家长秒懂游戏

哇,我在最高的山上,下面的大火我也不怕。

- 在沙发上上蹿下跳,是孩子太调皮? NO!她正在把沙发当高山,勇敢地躲避滚烫的岩浆,玩一场火海逃生的游戏。

第一部分　这是游戏吗？

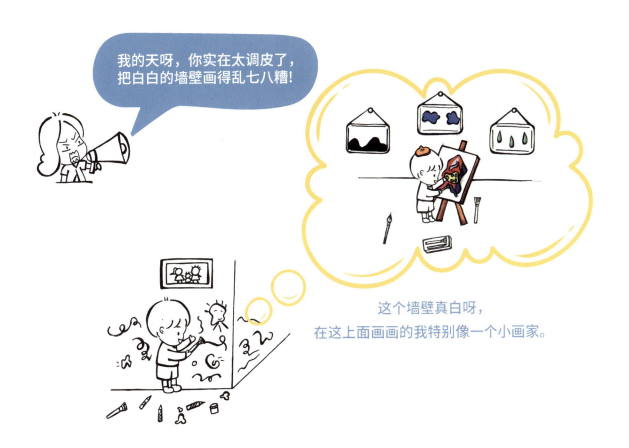

- 孩子最能胜任的表达方式就是涂涂画画，他们的画纸无处不在。

- 在我们看来，孩子不断旋转餐桌转盘的行为太调皮，但其实此刻他们已经进入了游乐场的转椅场景，旋转游戏正在进行。

各位家长，你是不是曾经被孩子的这些"调皮捣蛋"的行为困扰过？那么，请你以后试着在否定孩子前停下来问问孩子："你在玩什么呢？"走出对孩子的误解，教育才可能真正发生，被理解的孩子也会理解你，从而实现你与他们在同一个频道的顺畅沟通。

二、异想天开 VS 游戏

就一个破纸筒,有什么好玩的。

我是超能勇士,这是我的宝剑。

- 纸筒变宝剑,这是游戏中幼儿的替代想象。一个我们眼里的破纸筒,却能帮助孩子成为"勇士",手握"宝剑"开展一场"战斗"游戏。

第一部分　这是游戏吗？

终于可以在帐篷里休息休息了。

哇，这是一座好美的城堡，我就是城堡里的公主。

- 我们看到的只是一个朴实的帐篷，但孩子看见的却是一座奇妙的城堡。一场魔法游戏开始了。

- 这是一瓶矿泉水吗?或许在孩子的游戏世界里,它就是可以帮助他们成就英雄梦想的"灭火器",对待这样的扮演游戏,他们是非常认真的。

第一部分　这是游戏吗？

这么一个脏兮兮的纸箱有什么好玩的呢。

呜——我的飞机已经升上天了，我还看见了白云呢。

- 我们看见的是真实世界里的一个废纸箱，孩子看见的是想象世界里的一架飞机，插上梦想的翅膀，随时都可以飞翔。

游戏中的孩子，具有无穷的力量，他们在游戏中想象，去实现那些遥不可及的异想。游戏赋予孩子无尽的遐想以及"想怎么玩就怎么玩"的自由畅快，让孩子们徜徉其中，汲取成长所需的养分。游戏是孩子们最重要的工作，投入游戏时，可以无须道具，不论场地，一个纸筒、一个纸箱、一个帐篷……都被他们赋予了神奇的力量。

三、奇思妙想 VS 游戏

有大路不走,你怎么就偏要去走花台呢?

哇哦,好高呀!走钢丝的感觉实在太刺激了。

- 古今中外,孩子对花台、街沿、马路牙子的喜爱从未退去,因为这是他们玩挑战游戏最好的场地。

- 我们认为的音乐是优美的旋律、动听的曲调，而孩子们在游戏中创造的音乐和旋律、曲调本身没有关系，却与他此时此刻想象的世界和内心的愉悦感有关系。

第一部分 这是游戏吗?

- 当我们还小的时候,以为只要把眼睛蒙上,全世界都看不见自己。孩子喜欢半隐蔽的空间,因为这里可以带给他们无限的遐想。

我自己做的滑滑梯太好玩了。

- 游戏中的孩子总是有种魔力,生活中那些平常无奇的东西他们都能赋予其丰富有趣的玩法。

心理学家弗洛伊德曾说过:"每一个正在做游戏的儿童的行为,看上去都像是一个正在展开想象的诗人。你看,他们不是在重新安排自己周围的世界,使它以一种自己更喜欢的新面貌呈现出来吗?谁也不能否认,他们对这个世界的态度是真诚的,对自己的游戏十分当真。"游戏中的孩子总会让各种平常的物品以他们喜欢的方式出现,因为,这种"把戏"会让他们感受到自己的能力,实现他们对世界的多样性探究。从而获得成功和愉悦的体验。

儿童的"游戏"千万种
有时候
他们旁若无人地自己玩耍
有时又分工协作
独自游戏和合作游戏
是游戏的不同样态

有时候
他们热衷于重复一种游戏
有时又忽变角色
"假装"成自己想要成为的样子
练习性游戏和象征性游戏
给予孩子别样的游戏体验

……

当您理解了这一切
陪伴并支持他们吧

第二部分

这是什么游戏？

游戏从不同的维度可以分为不同的类型。在孩子看来，游戏是一个整体，不关乎游戏类型。游戏类型的划分是为了帮助我们更好地认识游戏本身，了解不同类型儿童游戏的特点，从而理解和支持儿童的游戏。当然，游戏的分类不是绝对的，只是为了帮助我们站在不同的角度看待儿童游戏。例如刘焱教授在《儿童游戏通论》一书中，以认知发展为依据，将儿童游戏分为练习性游戏、象征性游戏、结构性游戏和规则游戏；帕顿（Parten）以游戏的社会性参与水平为依据，认为游戏的社会性分类主要包括六种行为：偶然的行为或无所事事、旁观、独自游戏、平行游戏、协同游戏与合作游戏六大类。

一、以儿童认知发展为依据的游戏分类

> 我每天都喜欢骑自行车！

1. 这是练习性游戏

练习性游戏是在幼儿发展过程中最早出现的游戏形式，又称为感知运动游戏／机能性游戏／探索性游戏，是由简单、重复的动作所组成，如幼儿反复敲打拨浪鼓，不断抓、丢玩具等，这是幼儿感知、动作的练习，是对周围世界的探索，并从简单重复的动作中获得快乐。正如案例中的小女孩一样，刚刚学会骑自行车，喜欢每天重复地、来回地骑行。练习性的游戏可能伴随人的一生，生活中无论是儿童还是成人学习新的技能，都可能会经历"练习性游戏"的阶段。

练习性游戏随着年龄的增长逐渐减少，14—30 个月时，占据幼儿全部活动的 53%；

3—4 岁时，约占 36%—44%；4—5 岁时，下降到 17%—33%；到 6—7 岁时，就只占 14% 了[①]。对于低龄段的幼儿来说，练习性游戏让他们感受"动即快乐"，例如一个婴儿偶然用手触碰到一个可以发出声响的玩具，他会连续用手去碰玩具让它再度发出声响，从中获得对环境的控制感，发现自己的动作和物体变化之间的因果关系。但是，如果 6 岁左右的幼儿长时间重复某种过于简单的游戏行为，没有任何新经验产生，则需要通过观察来判断其背后的原因，思考是否需要通过材料、问题情节等支持他们的游戏走向深入。

2. 这是象征性游戏

象征性游戏与想象游戏、假装游戏、表演游戏在性质上是相似的，主要的特点是"假装"，游戏中会出现象征物或替代物，幼儿会把一种东西当作另一种东西来使用（以物代物）。例如当幼儿收纳玩具时，经常会将收拾好的雪花片一下子全部散落开来，还开心地喊着"下雨啦！下雨啦！"幼儿

---

① 刘焱. 儿童游戏通论 [M]. 北京：北京师范大学出版社，2004：181.

将"雪花片"假装成为"雨滴"。此外,有时游戏中幼儿也会出现把自己假装成另一个人(以人代人),例如娃娃家游戏中喜欢扮演妈妈、公主等角色,角色扮演也属于象征性游戏的一种。

象征性游戏是2—7岁幼儿最典型的游戏类型,2岁以后开始大量出现,4岁时趋于成熟。象征性游戏对幼儿的发展具有重要的价值,有益于幼儿符号(声音、图像、文字等)的学习,有益于促进幼儿想象力、创造力以及问题解决能力的发展。如今,由于家长对孩子学业成绩的关注,乐于与孩子玩益智类的游戏,忽视象征性游戏的价值与作用。家长作为孩子的第一任教师,在家庭中应该给予幼儿更多自主进行象征性游戏的时间、空间和机会,并提供积极适当的引导,以促进幼儿的全面发展。

3. 这是结构性游戏

我要用沙堆一座城堡。

结构性游戏又称建构游戏,是幼儿利用不同的物体或结构材料(如积木、积塑、拼图、泥土、沙水等)按照一定的计划和目的,使材料呈现一定的造型或结构的活动。其中,玩沙、玩水是幼儿尤为喜爱的一种结构性游戏。沙、水是一种不定型的结构材料,其可塑造性为幼儿提供了广阔的创造空间，幼儿可以随意操作。

结构性游戏大致发生在2岁左右，在2—4岁时最为常见。我们常常看到幼儿乐此不疲地组合沙发垫、搬弄空鞋盒，用冰糕棍修建房子等，这些都属于结构性游戏。在结构性游戏中，幼儿通过对材料的操作摆弄，会获得并发展平铺、延长、垒高、架空、围合等建构技能；通过对材料的搬运、搭建、抓握、拼接等，让大肌肉和小肌肉获得锻炼与发展；通过创造不同的建构作品，获得并发展审美能力。例如图片中男孩通过利用泥沙堆筑城堡，在摆弄泥沙的过程中，发展精细动作，积累科学经验（如沙和水的比例在何种状态下最有利于塑形）等。

4. 这是规则游戏

规则游戏是两个及以上的游戏者按照预先规定的规则进行的、具有竞赛性质的游戏。例如图片中两名幼儿一起用扑克牌玩"数字接龙"游戏，是按照自己约定的规则所进行的游戏，游戏过程中，每出一张牌，幼儿都仔细观察扑克牌的数字大小，找出下一张自己应该出的牌，还不断提醒

同伴注意游戏规则:"你出一张,我出一张。"生活中常见的下棋、跳房子、拔河、老鹰捉小鸡等也属于规则游戏。

　　规则游戏是幼儿游戏的高级发展形式。游戏开始前幼儿协商讨论,制定游戏规则,幼儿开始突破"自我中心"的模式,尝试站在相对公正的立场去思考规则制定的依据,同时提醒同伴遵守游戏规则,用互相尊重的态度去推进游戏的持续开展。规则游戏有助于增强幼儿的规则意识,理解规则的意义,并在行动中践行规则。

二、以儿童社会性发展为依据的游戏分类

1. 这是平行游戏

平行游戏时幼儿与附近的幼儿玩着相同或相近的玩具,但是不和其他幼儿交谈。例如图片中的两名幼儿,各自坐在相隔不远的小桌上,一个搭积木,一个用易拉罐垒高,都专注地玩着自己的游戏,彼此之间没有交流,即使一个人改变游戏材料或离开桌子,另一个人也还是会继续自己的游戏。

平行游戏大约在3岁开始出现,反映了儿童游戏的社会性交往状况。在这个年龄阶段,幼儿的游戏过程直接依赖于具体形象的玩具,对玩具的颜色、形状十分好奇,对材料的操作与摆弄充满兴趣,喜欢模仿同伴的游戏行为。家长应该给予幼儿充足的时间和机会让幼儿玩够,并利用适当的时机,以幼儿喜欢的身份和角色与幼儿进行平行游戏,通过语言引导、动作示范等引导幼儿。

2. 这是协同游戏

呜——火车出发啦!

协同游戏是幼儿和其他幼儿在一起玩,进行着相似但不一定相同的活动。例如图片中幼儿在餐厅外等待就餐的时间里,小男孩看到互不相识的小女孩在玩"搭火车"的游戏,于是兴致勃勃地加入其中,小男孩把椅子搬过去,女孩把椅子一个一个接在一起,火车车厢越变越长,小女孩独自当起了火车司机,玩起了开火车游戏,小男孩在旁边观看小女孩"开火车"。游戏中幼儿们可能有自发的配合(例如一个接一个地连接火车车厢),但相互之间没有明确的分工与合作,缺乏共同计划和组织,即使某个幼儿退出游戏,其他人仍然可以继续玩下去。

协同游戏多出现在 4 岁左右。在这个阶段,家长可以多带孩子到户外与同伴玩耍、游戏,并通过语言、动作示范等给予幼儿更多的交往策略,促进幼儿在游戏中社会交往能力的发展,提高幼儿的游戏水平。

3. 这是合作游戏

合作游戏是几个幼儿在一起围绕一个共同的游戏主题，采用分工合作的方式，对游戏材料的使用、游戏的目标和结果有共同计划和组织的活动。例如图片中两名幼儿商量扮演不同的角色，小男孩当"病人"，小女孩当"医生"，"医生"手持听诊器和针筒给"病人"诊断和治疗，反映和再现生活中看病就医的场景。游戏中幼儿们有分工，角色有互补，形成玩伴关系，游戏可以持续很长一段时间。

合作游戏是社会性程度最高的游戏，多出现在 5—6 岁。在合作游戏中，幼儿需要倾听、分析和接纳同伴的意见，有助于幼儿去"自我中心"意识，提高幼儿的社会交往能力和观点采择能力，培养良好的亲社会行为。在这个阶段，日常生活中家庭成员之间也可以适当多展开一些合作游戏，通过面对面互动的方式，使亲子关系变得更加亲密，让幼儿在家人的陪伴中模仿和学习，从与家长的互动中获得社会交往能力的发展。

Tips：儿童社会性游戏的发展阶段

以社会性发展为依据的游戏分类主要以帕顿（Parten）和豪伊斯（Howes）的研究为代表，以游戏的社会性参与水平为基础，帕顿将儿童社会性游戏的发展经历分为偶然的行为或无所事事、旁观、独自游戏、平行游戏、协同游戏、合作游戏六个阶段。帕顿认为，幼儿生命的最初两年，常表现为无所事事的行为，不能算作是真正意义上的游戏；2岁开始有兴趣旁观游戏，却不会参与到别人的游戏当中；2岁半起能独自游戏，但专注于自己的游戏活动，即使旁边有同伴也不会发生交集，仿佛没有意识到其他幼儿的存在；渐渐地，游戏时会受到旁边同伴的影响，2岁半到3岁时常会选择与旁人一样的玩具、材料、玩法，但依旧专注于自己的游戏，进入平行游戏阶段；3岁半到4岁，可以与小伙伴交换玩具、一起玩游戏了，但是还没有明确的游戏目的和组织分工意识，该阶段出现最多的游戏类型是协同游戏；4岁半以后，幼儿逐渐有了与其他伙伴分工、合作进行游戏的意识和能力，有了预期的目标和日渐稳定的游戏主题。幼儿游戏中社会参与的水平不断提升，彼此之间的社会性互动也随着年龄的增长而增加。

游戏
是童年的好伙伴

通过游戏
孩子们发展身体
习得社会交往的技能
磨炼意志品质和抗逆能力

在游戏中
他们自由表达
探索解决问题的办法
参与着一场又一场的学习

因为游戏
想象和创造有了归依
情绪情感也在其中得以疗愈
……

游戏的价值
我们一起来发现

第三部分

游戏的价值,你看见了吗?

游戏是儿童的天性，是他们认识世界的重要方式。游戏之于童年的重要价值，已被越来越多的人所看见。古人有云，"业精于勤荒于嬉"。在久远的年代，人们常常将"游戏"置于与"学习"相对立的位置。随着时代的沿革，"孩子在游戏中学习，并习得面向未来的力量"逐渐成为一种共识。众所周知，游戏对幼儿的发展具有重要价值。除了身体、认知、社会性、情感等容易被"看见"的发展价值外，游戏中那些容易被忽略的"隐藏"价值，也值得我们一同捕捉和发现。

一、看见：游戏的发展价值

迄今为止，研究者们进行了大量有关游戏价值的研究，在游戏与儿童身心某一方面的发展之间寻找共同的要素。结果发现，游戏对儿童身体、认知、社会性和情感方面都有着无可替代的重要价值，且不仅限于此。

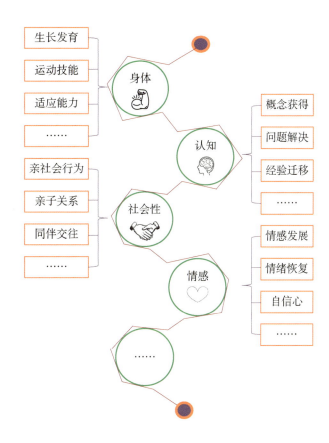

1. 游戏对幼儿身体发展的价值

美味的小鸡炖蘑菇，我来啦！

可恶的老鹰，有鸡妈妈保护我们，你是不会得逞的。

游戏可以促进幼儿的生长发育；提高幼儿走、跑、跳等技能，促进幼儿身体协调性、平衡性的发展；增强机体的适应能力，促进其身心健康发展。例如：在"老鹰捉小鸡"这种经典的游戏中，面对老鹰的抓捕，幼儿需要集中注意力，随时观察、保持警惕，迅速做出反应，不断跑动和躲避，才不会被抓，促进了身体协调性的发展。

2—7岁是幼儿基础能力发展的关键时期，在这个时期，我们应该更多关注幼儿游戏的过程而不是结果，为幼儿创造丰富的游戏环境，鼓励幼儿自发地进行运动类游戏，帮助幼儿积累不同的运动经验。

2. 游戏对幼儿认知发展的价值

现在该放长方形啦！

一个正方形，一个长方形……

游戏不仅仅反映着幼儿的认知发展，也为新的发展提供了机会和条件，在幼儿认知发展过程中具有独特的作用。游戏过程中，能够促进幼儿对概念的学习，提高幼儿解决问题的能力，促进幼儿语言、思维、注意、想象等多方面能力的发展。例如在积木游戏中，幼儿除了感知积木本身所具有的形状、大小、颜色等属性，也通过搭建不同的造型，不断发展距离、方位等空间知觉。为了让积木搭建得更加美观，他们尝试两边对称摆放，运用着"一样多"的数学经验；在给"城堡"修建"围墙"时，又采用 ABAB 模式连接积木块，不断丰富自身和同伴的数学概念。

家长应该保证幼儿的游戏时间和机会，为幼儿提供能直接操作和摆弄的游戏材料，让幼儿在与游戏材料互动的过程中，理解和学习概念（时间、空间、因果关系等），让幼儿在游戏发展的过程中，不断发现问题，并利用已有经验积极解决问题。

3. 游戏对幼儿社会性发展的价值

游戏是幼儿社会性交往的主要形式，也是他们社会性发展的重要途径。在游戏中，幼儿需要处理自己与他人的关系，学会理解他人的想法、观点、情绪情感，遵守游戏规则，协商和分享自己与他人的游戏想法，获得轮流、等待、分享、合作等社会交往技能，形成和发展幼儿的同理心以及与人相处的能力。案例中的两名幼儿因为都想要玩具小熊，刚开始争吵不休，慢慢地他们学会讨论、商量，通过"剪刀、石头、布"的方式决定谁赢谁先玩，在这个过程中他们学会协商、等待、分享和轮流。

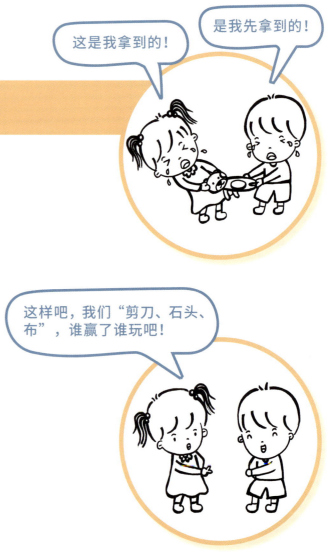

学前期是幼儿社会性发展的"关键期",这种能力不是"教"会的,而是幼儿在实际交往的过程中形成和发展起来的。在游戏中,家长应该给予幼儿与他人相处的机会,让他们自己尝试发起和维持与伙伴的交往,在遇到矛盾冲突的时候,只要没有出现攻击性行为,尝试放手让幼儿自己学习协商和解决。

4. 游戏对幼儿情感发展的价值

游戏是幼儿快乐的源泉,给予幼儿积极的情绪体验。作为幼儿生活的重要部分,游戏对他们情绪情感的发展具有积极的意义。在游戏中,幼儿以认真的态度、真实的情感去再现现实生活,体验着角色的情感和态度,正如图片中扮演"爸爸""妈妈"的孩子,发现宝宝饿了,"妈妈"悉心照顾,"爸爸"主动递上牛奶,共情宝宝的需求和感受,有助于他们同情心和移情能力的发展。此外,游戏还可以发展幼儿的成就感,增强自信心,当幼儿在游戏中完成某件事时,能体验到成功的喜悦；游戏还具有情绪修复功能，能够帮助幼儿缓解紧张和焦虑，实现在现实生活中无法满足的愿望，如现实生活中妈妈不允许吃糖，游戏中幼儿可以假装尽情地"吃糖"。

　　游戏作为一种充满情绪情感色彩的学前期的基本活动，可以丰富和深化幼儿情感的发展。家长可以通过游戏，帮助幼儿认识和理解情绪，引导幼儿正确表达情绪，学会恰当处理愤怒、伤心等消极情绪，正面引导幼儿心理健康发展。

二、捕捉：游戏的隐藏价值

游戏的价值有些是外显的，有些却比较隐蔽，容易被忽略，包括锻炼幼儿的坚持性，历练他们在困境中的抗逆力等。让我们一步步深入幼儿游戏的世界，捕捉游戏背后的隐性价值，找寻游戏之于幼儿的特殊意义。

1. 游戏中不止有合作，坚持也是好品质

骑小车载人是幼儿经常在一起玩的户外游戏，这个游戏对幼儿运动能力和动作技能发展的作用不言而喻，也促进了幼儿的沟通合作能力。除此之外，我们还应该看到的是游戏中幼儿不断尝试，变换游戏玩法。男孩先是站在后面搭着同伴的肩膀玩，再手拉小车坐凳屈身在后，很长时间过去了，他们仍在坚持不懈地探索，甚至找来滑板车助力，这种坚持性正是幼儿个性发展中难能可贵的意志品质。

30 分钟后……

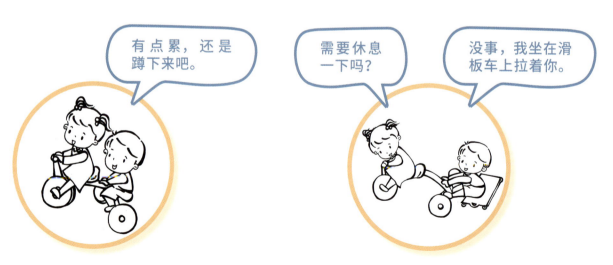

2. 游戏遭遇"困境",却历练着幼儿的抗逆力

游戏中的"困境"有很多,包括"我想用乐高拼一只企鹅,但是拼不成那种样子""我搭建的门总是倒""他们不和我一起玩"等,每一个难题,都给予幼儿一次化解困境的机会。下图游戏中的女孩尝试加入哥哥的游戏时,屡遭拒绝。她虽然感到挫败,但仍然不断尝试,想尽办法参与,最终成功了。游戏推动幼儿同伴关系及社会问题的解决,也历练着他们的抗逆力。抗逆力的本质是心理弹性,即在面临逆境、创伤、艰辛及其他重压下能够良好适应的"反弹能力"。这个案例中,被拒绝的女孩内心可能充满了失望、难过,但她仍然没有因此放弃尝试,不断经历着"被拒绝—想办法—再尝试"的循环,多角度思考解决游戏困境的策略,抗逆力在其中一步步得以提升。

3. 原来，脏兮兮的"踩水坑"里藏着探索的秘密

　　踩水坑是幼儿自发的探索游戏。幼儿一方面体验游戏带来的愉悦感，另一方面也乐此不疲地尝试用各种方法来玩这种游戏，进入多样化探索阶段。幼儿通过身体动作在环境中不断探索，发现云朵的倒影、感受脚的力量、水的深浅、起跳的高度与溅起的水花之间的关联……在激发运动潜能的同时，发展科学认知。

第三部分 游戏的价值,你看见了吗?

哇,水里也有一朵白云。

快看,水深的地方更好玩。

原来站得越高,溅起的水花越大。

4. 游戏时刻"一切皆可能",我成了我想成为的样子

在马斯洛"需求层次理论"中,把人的需求分成生理需求、安全需求、爱和归属感、尊重和自我实现五类。自我实现的需要是人最高层次的需要。现实生活中,孩子常常受到很多限制,而在游戏中,幼儿仿佛进入了一个更为广阔的天地,在这里,幼儿自由玩耍,扮演自己想扮演的角色,成为自己最想成为的样子,将个人的能力尽情发挥,成就感和胜任感不断放大。在这里,他们释放天性、自由表达、自我实现。

5. 有时候，我们需要游戏来疗愈

"分离焦虑"是幼儿在与亲密抚养者暂时分离时表现出的不安与焦虑情绪及情感状态，是儿童期常见的一种情绪情感障碍，在新入园的小班幼儿当中尤为常见。班尼特（Barnett）通过实验发现，游戏确实可以帮助幼儿降低焦虑与紧张，具有情绪"修复"功能[①]。通过游戏，幼儿能转移注意力、释放压力从而快速摆脱了分离带来的焦虑情绪。

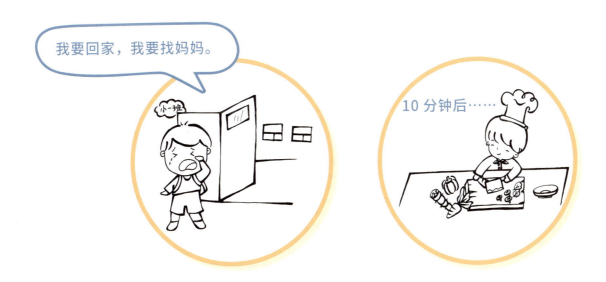

---

① 刘焱. 儿童游戏通论 [M]. 北京：北京师范大学出版社. 2004：238.

6. 良好的亲子关系，游戏来促进

亲子关系是人的一生中最早形成的人际关系。比起各玩各的，幼儿更喜欢和父母一起玩。亲子游戏对良好的亲子依恋的形成具有积极的意义。如开飞机、抛高高等游戏，通过肢体的接触，让幼儿获得安全感，为其心理健康奠定基础。亲子游戏一方面可以使幼儿感受到父母的关注与爱，彼此形成亲密的情感联系；另一方面，幼儿在游戏中的表现和在游戏中获得的快乐又可以给父母正强化，因为这种快乐是对自己的辛劳最好的回报，也是抚养幼儿的情感动力，从而形成持续的良性循环。当幼儿与父母之间形成了安全依恋的关系，他们也能走向独立游戏。

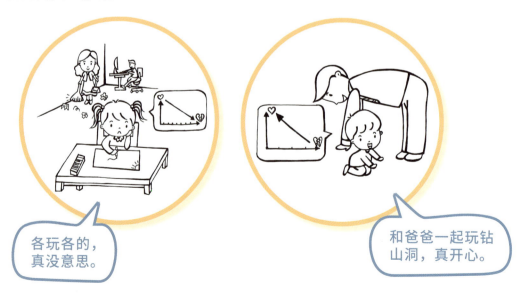

三、发掘：在游戏中学习

谈到"学习"，似乎很难与"游戏"相联系。很多时候，我们把"游戏"和"学习"置于天平的两端，认为它们是彼此对立的两个方面。即便认同游戏对于儿童发展存在一些价值，也零星捕捉到游戏之于儿童那些容易被忽略的隐藏价值，但提起"学习"，总觉得和"游戏"相距甚远。人类的一般学习是指人在社会生活实践中，以语言为媒介，自觉、积极、主动地掌握社会的和个体的经验的过程（卢乐山等，《中国学前教育百科全书·心理发展卷》，沈阳出版社，1995年版）。在游戏中，孩子们不断地思考、实践和探究，进而解决问题，获得新经验。

1. 游戏中的学习，你看见了吗？

游戏中，时刻有发生学习的可能性。我们看到案例中幼儿成功将已有核心经验迁移到类似问题中，并整合新知识融入原有知识结构中，即用"两个三角形拼凑成一个正方形"的方法解决了游戏中正方形数量不足的问题，这就是"学习"。

2. 儿童游戏中一定有学习发生吗?

  游戏是儿童的学习方式。幼儿在自主游戏中是否会产生学习,关键在于我们有没有给幼儿留下问题的空间,激发他们动脑筋去解决问题。在有的游戏中,幼儿不断重复运用自己已经熟练掌握的知识与技能。如沙滩上的男孩,一次次地用水桶打水,再倒入沙坑,沙坑里的水不断流失,他却没有注意到,只是重复着"打水—倒水—打水—倒水"的过程。这样的重复只是为了获取简单、愉悦的体验,对六岁的他来说,经验和能力并没有多少改变和发展。这时候，也许只是成人简单一句"你打的水怎么不见了"这样的提问，便会引发幼儿的思考，尝试运用已有经验解决游戏中的问题，获得新的经验。这时候，学习便发生了。

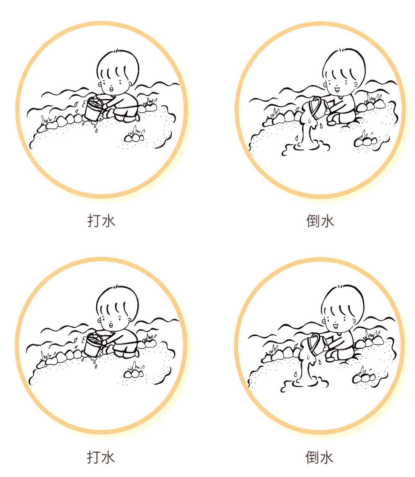

打水　　　　　　　　　　　倒水

打水　　　　　　　　　　　倒水

3. 争论中，也存在学习吗？

怎样才能摘到苹果呢？两个幼儿在一起想办法，过程中不断争论，表达自己的观点，并相互协同去尝试。在这个过程中，幼儿们带有批判性、主动性地去学习知识及获取经验。游戏中幼儿们对话的过程，也是一场观念辩论的过程。他们运用自身过往经验，来分析游戏中遇到的问题，综合情景，有理有据地评价他人的观点和行为，争论中也存在学习。

第三部分　游戏的价值,你看见了吗?

4. 解决游戏难题，让幼儿在玩中学习

案例中幼儿搭了一座桥，小汽车在上面行驶，下坡的时候总是翻车，妈妈鼓励他找到解决问题的办法。接着，孩子尝试降低桥的高度，车子仍然翻了。他继续尝试在坡道末尾加了一个缓冲带，这回，小汽车稳稳地停了下来。妈妈鼓励孩子继续探索，在连续下坡的设置下，车子开得更远了。孩子的游戏经验和知识来源于日常生活，游戏中的问题常常要设计在情境当中。游戏过程中幼儿遇到阻碍时会思考"为什么会这样？""还可以怎么办？""我可以做什么？"等问题，不断尝试突破自我，完成此阶段目标后，又不断提升游戏难度，持续收获学习的动力和能力。

游戏是一种精神力量
一种学习方式
一种生命样态

游戏是幼儿的天性
幼儿的权利
幼儿的需要

在游戏的世界中
您是最佳"配角"
还是最强"损友"
您是倾情陪伴
还是袖手旁观

只有不断反观
才能找到游戏中
我们恰当的位置

而幼儿
也才能因此纵情游戏
成为他们本来的样子

关于游戏，你做对了吗？

当我们认为自己已经在努力向孩子靠近，理解了游戏作为他们最热爱的"工作"而存在的重要意义，却在孩子的内心呼喊和独特表达中发现，我们其实还有许多可以进步的空间。从倾听孩子的游戏心声开始，去感悟孩子的游戏兴趣和游戏期待，从而做到在陪伴、支持孩子游戏时采取合乎时宜的行动，是我们需要努力的方向。我们必须成长，才能陪孩子成长。反观游戏中我们的角色、态度和行为，问问自己："关于游戏，你做对了吗？"

一、倾听：孩子的游戏心声

了解从倾听开始。我们常说，孩子有一百种语言，他们除了向你倾诉自己的所思所想，也可能用艺术的方式来表达。我们向幼儿园小朋友们收集了包括"你喜欢玩什么游戏？""在游戏时，你希望爸爸妈妈怎么做？"等问题，记录下孩子们天真的回答。我们发现，孩子们对于家长参与游戏的期待是变化的，有时候，他们希望你是"旁观者"；有时候，他们希望你是"陪伴者"；有时候，又希望你是"支持者"。让我们一起来听听孩子们的游戏心声。

1. 游戏时，孩子希望你是——"旁观者"

- 有时候，孩子希望你是游戏中的"旁观者"，不随意介入和打扰，让他们拥有游戏的充分自主权。

图解游戏 让家长秒懂游戏

> 丢手绢是我最喜欢的游戏，但是当我自己玩游戏的时候，我不喜欢别人打扰我，我的游戏我做主！

第四部分 关于游戏，你做对了吗？

2. 游戏时，孩子希望你是——"陪伴者"

- 有时候，孩子希望你是游戏中的"陪伴者"。"爸爸妈妈，放下工作，放下手机，陪我玩玩吧"，是多少孩子的心声啊。在陪伴时，专注于和他们游戏，不"迟到早退"，也不"三心二意"。

我喜欢爸爸妈妈陪我玩"谁先笑"的游戏，我喜欢看你们做鬼脸，每次我都忍不住想笑。我最不喜欢你们看手机不陪我玩，跷二郎腿。

第四部分 关于游戏，你做对了吗？

我喜欢和爸爸妈妈一起玩水。不喜欢你们坐在旁边休息，让我一个人玩。

图解游戏 让家长秒懂游戏

妈妈，我喜欢和你一起玩乐高，虽然需要动脑筋，但你总是很耐心地陪着我。

第四部分　关于游戏，你做对了吗？

> 我最喜欢和爸爸妈妈玩奥特曼打怪兽的游戏，爸爸妈妈来当怪兽，我来当奥特曼打小怪兽，每次爸爸都会害怕地躲起来，真是太有趣啦！我最不喜欢爸爸妈妈发脾气，还不陪我玩！

我最喜欢在家里和爸爸妈妈玩高架桥的游戏，爸爸很高，所以他可以变成一座大桥，我可以从桥下面钻过去。我不喜欢爸爸去工作，这样就没有人陪我玩了。

第四部分　关于游戏，你做对了吗？

我喜欢在家里和爸爸妈妈一起玩奥特曼的游戏，但他们有点忙，我只好把家里的玩具当怪兽，把它们弄得乱七八糟。

我喜欢和爸爸妈妈一起玩,可以拼搭飞机、拼怪兽,一起来"打架"。

第四部分 关于游戏，你做对了吗？

爸爸妈妈，我喜欢你们陪着我，请你们坐上我的小火车，让我带你们到处去看看！不过爸爸妈妈玩手机的时候最不乖，哼！每次跟你们说话都不理我！

爸爸妈妈是大恐龙,我是恐龙宝宝,我最喜欢和家里的"大恐龙"一起玩儿。我最不喜欢每次想玩游戏的时候他们都要我再等一下。

第四部分 关于游戏，你做对了吗？

> 我喜欢和爸爸妈妈一起玩过家家、堆积木，我们一起垒公主住的城堡、砌游泳池和滑滑梯，要是爸爸把我的作品毁坏了，我可是会很生气哦。

> 我最喜欢在家里玩躲猫猫的游戏,爸爸每次都找不到我,我总是突然跳出来吓他一跳。可是有时候爸爸玩一会儿就不玩了,游戏还没结束呢!

第四部分 关于游戏,你做对了吗?

> 我最喜欢和爸爸一起玩打仗的游戏,因为可以当解放军战士。我最不喜欢爸爸停止战斗做其他事情,这样就不能保护妈妈和国家。

图解游戏 让家长秒懂游戏

我喜欢和爸爸妈妈下棋,五子棋、象棋、飞行棋、跳棋……妈妈说下棋输了不能哭!

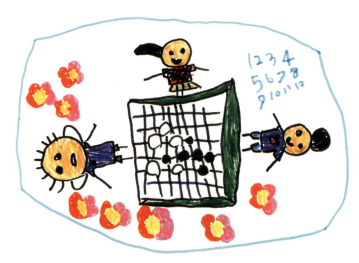

3. 游戏时，孩子希望你是——"支持者"

- 有时候，孩子希望我们是游戏中的"支持者"，给予他们足够的游戏时间和空间，尊重他们的游戏规则及成果，创造条件让他们在游戏中获得成功的体验。

> 我喜欢让爸爸妈妈陪我一起玩猫和老鼠的游戏，我来当小老鼠，让他们当猫来抓我。我不喜欢没有玩够就叫我回家！

第四部分 关于游戏,你做对了吗?

我最喜欢和爸爸妈妈一起玩奥特曼的游戏,我当奥特曼,爸爸妈妈当怪兽,这样对战更激烈,我也可以变得更强!可我最不喜欢爸爸妈妈一直跑、一直躲,这样一点儿都不好玩。

二、行动：游戏中你应该做到

1. 做到"全心全意"，而非"三心二意"

"全心全意"，即在陪伴幼儿游戏时一心一意、专心致志，不做其他无关的事情。低质量的陪伴，不但会影响亲子之间的关系，还会让幼儿逐渐失去交流、分享，甚至是求知的欲望。高质量的陪伴，做幼儿游戏最好的支持者、合作者和引导者。

你慢慢玩，爸爸陪你。

爸爸，陪我玩游戏，别打游戏啦！

2. 做到"换位思考",而非"主观臆断"

"换位思考",是设身处地地站在幼儿立场上思考,客观看待幼儿的行为。幼儿是天生的"玩家",看似搞破坏的行为里藏着无尽的创造。试着放下自己的主观臆断,站在幼儿的角度去思考,你会找到他们行为背后真正的原因所在,也为我们了解幼儿打开另外一扇窗。

3. 做到"适时而进",而非"乘虚而入"

"适时而进",即把握适宜的介入时机。无关的干扰影响的不只是幼儿正在进行的游戏,也会不经意间破坏幼儿的专注力。通过观察幼儿游戏,捕捉到幼儿的游戏需要,适时介入、有效支持,从而不断将幼儿的游戏引向深入。

4. 做到"裘葛之遗",而非"蠡酌管窥"

"裘葛之遗",用以比喻根据季节不同赠送适时的衣服的行为。这里指我们要根据幼儿的发展状态和心理需要,给予适宜的游戏支持,就像随着四季变换,准备适宜的衣服一样,而不要"蠡酌管窥",用瓢量海水,从竹管里看天,片面地看待幼儿的游戏。这可能会让我们误解幼儿,甚至采取不适宜的行动。

5. 做到"无为而治",而非"越俎代庖"

幼儿是游戏的主人,包办代替会夺走幼儿成长的机会。有时候,我们需要"无为而治"。"无为"并不是无所作为,而是不妄作为。相信幼儿的能力,不过多地干预和代替,给予他们自主的时间和空间。

三、回顾：游戏中的你

家长游戏素养测试

准考证

准考证号：20218888

考试对象：幼儿家长

考前须知： 本卷共 10 道选择题，每题 10 分，总分 100 分。请考生在答题过程中记录自己的得分，并在文末查看考试结果。

1. 您与孩子游戏的频率为（　　）

A. 每月 1—2 次

B. 每周 1—2 次

C. 每天 1—2 次

2. 您认为孩子在玩游戏时（　　）

A. 自己玩就行

B. 家长根据主观判断介入

C. 明确孩子的需要后再介入

3. 您通常为孩子提供什么样的游戏材料（　　）

A. 价格贵、价值高的成品材料

B. 只要能玩，随便什么材料都行

C. 适宜孩子年龄的安全材料

4. 玩"叠高塔"游戏时，反复出现倒塌的情况，孩子沮丧不已，您会（　　）

A. 教育孩子要有耐心，多试几次

B. 帮助孩子叠高，实现"高塔不倒"，让孩子获得成功的体验

C. 关注孩子的感受，肯定他坚持尝试的做法，和他一起找到失败原因并再次尝试

5. 当孩子邀请您一起玩游戏时，您会（　　）

A. 不愿意参与，宁愿自己休息一下

B. 愿意参与，但如果有其他事情，会让孩子先自己玩

C. 放下手中的事情，积极参与其中

6. 当孩子站在一旁看其他陌生小朋友玩游戏,您会(　　)

A. 提醒他自己认真玩,不玩就回家

B. 任由孩子旁观

C. 了解孩子的想法和意愿,鼓励孩子加入他人的游戏,并陪伴孩子去尝试

7. 当您和孩子玩跳棋这类规则游戏时,您会(　　)

A. 为了避免孩子哭,总是让他赢,他开心就好

B. 坚持遵守游戏规则,绝不退让

C. 引导孩子感受游戏过程,不过于强调游戏的输赢

8. 当您发现孩子与同伴嬉戏打闹,您会(　　)

A. 立即制止,认为这类游戏行为太粗野

B. 不干预,放任自如

C. 确保游戏安全,密切关注,适时介入

9. 孩子正在专注地玩手里的小汽车,突然被陌生的小朋友抢走,孩子没有回过神哇哇大哭,这时您会(　　)

A. 直接冲上去抢回来,并向对方家长讨说法

B. 为了安抚孩子,重新买一个玩具给他

C. 告诉孩子也许对方小朋友是因为太想玩这个玩具才抢过去,只不过这样的方式不恰当,可以采用商量、轮着玩的方式来解决

10. 游戏结束后，关于收拾整理玩具，您会（　　）

A. 认为孩子还小，收不收拾无所谓

B. 觉得孩子收拾太慢，还是家长来收

C. 引导孩子自己收拾，自己的事情自己做

答案解析

说明：此卷根据答案选项得到相应的分值。

A=0　　B=5　　C=10

分数 <60：很遗憾，说明您对孩子的游戏并不是很了解，他们可不只是随便玩玩而已。请您一定要重视起来，加油哦！

60≤分数 <80：还不错哦，您是一位称职的家长，希望继续努力，赶上孩子成长的步伐，用游戏点亮孩子的童年！

分数≥80：恭喜您，您是一位优秀的家长，希望您继续保持，与孩子携手并进，和孩子一起享受游戏的幸福时光！

图书在版编目(CIP)数据

图解游戏. 让家长秒懂游戏/余琳,文贤代,吴庆国主编;鄢超云总主编. —上海:复旦大学出版社,2021.10(2023.11重印)
ISBN 978-7-309-15936-3

Ⅰ.①图… Ⅱ.①余… ②文… ③吴… ④鄢… Ⅲ.①游戏课-学前教育-教学参考资料 Ⅳ.①G613.7

中国版本图书馆 CIP 数据核字(2021)第 180960 号

图解游戏. 让家长秒懂游戏
余 琳 文贤代 吴庆国 主编
鄢超云 总主编
责任编辑/谢少卿
特约编辑/张金陵
版式设计/董春洁

复旦大学出版社有限公司出版发行
上海市国权路 579 号 邮编:200433
网址:fupnet@fudanpress.com http://www.fudanpress.com
门市零售:86-21-65102580 团体订购:86-21-65104505
出版部电话:86-21-65642845
上海丽佳制版印刷有限公司

开本 890 毫米×1240 毫米 1/24 印张 4 字数 71 千字
2023 年 11 月第 1 版第 2 次印刷
印数 5 101—7 200

ISBN 978-7-309-15936-3/G·2306
定价:50.00 元

如有印装质量问题,请向复旦大学出版社有限公司出版部调换。
版权所有 侵权必究